AF279238

José Gómez López

APULEYO EDICIONES   FOMENTO DE VALORES   CUENTOS ILUSTRADOS

¿Eres tú mi mamá?

APULEYO EDICIONES   FOMENTO DE VALORES   CUENTOS ILUSTRADOS

Rompió el pollo el cascarón,
patoso salió del huevo
a un mundo, para él, tan nuevo
como extraño y gigantón.
¡Pero, por ser tan tardón,
nadie quedaba allí ya!
¿Dónde estaba su mamá
que no le escuchaba piar?
¿Ese nido era su hogar?
¿No le querían, quizá?

Comiendo un trozo de queso,
apareció un roedor
con dientes como un castor,
pero con gesto travieso.
El pollo, con embeleso,
le preguntó a aquel ratón:

—Discúlpeme, con perdón,
¿es usted, tal vez, mi mami?
—¿Cómo? ¡Ni harto de salami!
—¡Y se fue como un avión!

Así, a un bicho de ocho patas
que espiaba desde una tela,
preguntó si era su abuela
o quizá una de sus tatas.
—¡Qué cría más papanatas!
—dijo con desdén la araña.
—Yo soy una doña ermitaña.
Me gusta la soledad.
Haz el favor, de verdad...,
¡no me des más la castaña!

Surgió detrás de un hierbajo
una gran bola de caca
hecha de estiércol de vaca
que alguien guiaba boca abajo.
¡Así iba el escarabajo,
para asombro del pollito!
—¿Usted no será mi tito?
—preguntó con esperanza.
Y aquel contestó con chanza:
—¡Qué cabeza de chorlito!

Continuó andando el polluelo
y vio un animal con cuernos
que comía brotes tiernos
de verde hierba del suelo.
—¿Es usted, quizá, mi abuelo?
Al buey le importaba un bledo
que el pollo tuviera miedo
y ni mu contestó al cabo.
¡Tan solo levantó el rabo
y, muy guarro, se echó un pedo!

Escapó de aquel hedor
como un pato mareado,
cuando algo gritó en el prado,
que le hizo sentir pavor.
No conocía al azor
ni sabía del halcón;
pero ese animal chillón
no podía ser su hermano.
Quiso huir tras un manzano
y cayó en un socavón.

—¡Ay! —gritó en el agujero
un animal muy cegato
cuando aquel pollo pazguato
cayó sobre su trasero.
—¿Quién se atreve, majadero,
a entrar en mi galería?
¡La topera es solo mía!
¡De inmediato te vas fuera!
—Y de muy mala manera
el topo empujó a la cría.

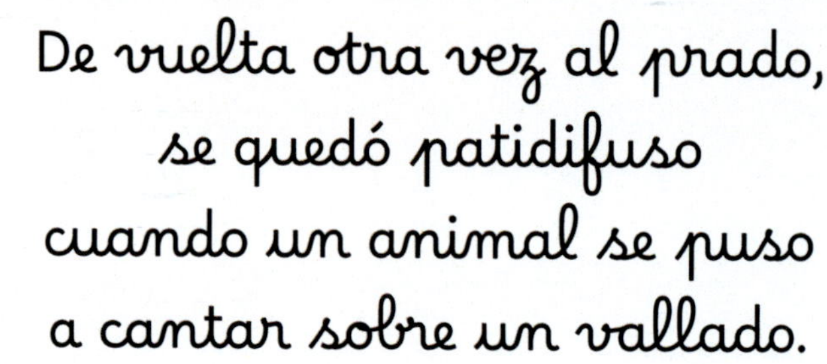

De vuelta otra vez al prado,
se quedó patidifuso
cuando un animal se puso
a cantar sobre un vallado.

—¡Quiquiriquí! —En el cercado
se desgañitaba el gallo.
—¿Usted no será mi yayo?
—dijo el pollo con arrobo.
—¿De dónde salió este bobo?
—Y el gallo acabó su ensayo.

Cubierta de mucho pelo,
una nube parecía
el animal que pacía
en el campo y no en el cielo.
El pollito, con anhelo,
le preguntó a la perpleja
y desconcertada oveja:
—¿Es usted, tal vez, mi prima?
Ella respondió con grima:
—¡Cada oveja a su pareja!

Solitario, en un rincón,
vio a unos lindos animales
con orejas colosales
y un rabito de algodón.
Se quedó como un pasmón,
observando a los conejos;
los gazapos y los viejos,
todos jugando en familia.
Y lloró: —¡Nadie me auxilia!
—Viéndolos marcharse lejos.

—¡Uy! ¡Qué tenemos acá!
—dijo un animal sin patas
que reptaba entre las matas,
saboreándolo ya.
—¡Un pollo sin su mamá!
—El cual, un escalofrío
sintió y no dijo ni pío.
—¡Vaya suerte, de repente!
—exclamó la vil serpiente—.
¡Tu papi era amigo mío!

—¡Pero, oh, no, no llores más!
—dijo cercando al polluelo—.
Tendrás amor y consuelo,
no estarás solo jamás.
—El pollo dio un paso atrás,
como si hollase una ortiga.
—¡Seré tu mejor amiga!
¡A mí estarás tan unido...!
¡Hallarás aquí tu nido...
para siempre en
mi barriga!

Y ya lo iba a devorar
cuando, de entre la maleza,
irrumpió con gran fiereza,
un animal con collar;
su enorme boca, al ladrar,
mostraba sus grandes dientes.
Escapó, a regañadientes,
la culebra del mastín;
y este apresó al pequeñín
con sus fauces, tan potentes.

LOBO

El perro alcanzó a su dueño
y una bola de plumón,
de un amarillo chillón,
dejó en el suelo, risueño.

—¡Qué patito más pequeño!
—exclamó al verlo el pastor—.
¡Si tiembla como una flor!
Le acercaré hasta la orilla;
allí estará de maravilla.
—¡Guau! —afirmó el perro avizor.

Colocaron al patito
en el agua con cuidado
y se acercó un ave, a nado,
de plumaje muy bonito.
De porte tan exquisito,
el pollo quedó aturdido.
Preguntó con un hipido:
—¿Tú eres, quizá, mi mamá?
—¡Pues claro que soy mamá!
—cubriendo a su hijo perdido.

© José Gómez López (de la obra)
©Apuleyo Ediciones (de esta edición)
Primera edición en Apuleyo Ediciones: octubre 2024
Diseño de cubierta: Ernesto Pérez Martínez
Corrección: Aitor Andreu Guerrero
Maquetación: Alejandro Bermejo Cercas
Ilustraciones: Fabi Cassanelli
Coordinación editorial: Isidoro Cidre González
info@apuleyoediciones.com
www.apuleyoediciones.com
ISBN: 978-84-1060-532-9
Depósito legal: H 688-2024

Hecho e impreso en España.

CANCIÓN /AUDIOLIBRO

¿Eres tú mi mamá?

APULEYO EDICIONES   FOMENTO DE VALORES   CUENTOS ILUSTRADOS

José Gómez López

APULEYO EDICIONES   FOMENTO DE VALORES   CUENTOS ILUSTRADOS